# Kim Yong-Hwa

시인 김용화

사진/ 김해리

# 비 내리는 소래포구에서

김용화 시집

# 비 내리는 소래포구에서

Poetics 시학

■ 시인의 말

네 번째 시집을 묶는다. 너를 안 죄로 몽당연필 다듬으며 외롭고 먼먼 길 걸어온 지금, 등 뒤를 돌아보니 내 조그만 발짝들 더 작아만 보인다. ……가을이 깊다. 곧 겨울이 오고 한 해는 또 갈 것이다. (5부는 개인적으로 아끼는 작품 10편을 뽑아 재수록한 것임)

2009년 가을, 관악을 보며
매봉산 기슭에서
김용화

# 차 례



## 제1부

## 제2부

## 제3부

## 제4부

## 제5부

# 제1부

# 눈길

어둑새벽 눈길 위엔
시묘 살던 서당 집 훈장 할아버지 짚신 발자국과
석유등 밝히고 새벽예배 간
천안 할머니 조그만 신발 자국이 나란히 찍혀 있었다

# 그 겨울

겨우내 하얀 눈이 쌓이는 고향집 삼밭,
캄캄한 구덩이 속에서는
샛노란 무싹들이 바깥세상이 궁금하다고
기지개를 켜며
새록새록 고개를 내밀고 있었습니다

## 동행

노파가 죽었다

그림자처럼
붙어 다니던

흰둥이
혼자

주검 곁을
지키고 있다

# 비 오다가 갠 날은

젊은 엄마가 옥양목 앞치마
반듯하게 매고 부엌에서
손님 맞을 준비하고 있을 것 같은,

젊은 아버지가 원추리꽃 꺾어
소 귓등에 꽂아 주고
무지개 뜬 산길 걸어
소 앞세우고 돌아올 것 같은,

# 산길에서

나 세상에 다시 태어난다면
깊은 산 외딴 길섶에
이름 없는 한 송이 작은 꽃으로 피어나리라

혹여 그대가 한 번쯤 하찮은 실수로
바람처럼 내 곁을
머뭇거리다 지나칠 때
고갤 꺾고 꽃잎 한 장 바람결에 날려 보리라

# 봄밤

보리술 씬냉이국에
그대 목소리 동동 띄워 맑은 귀로
담아내는

청복의
밤

# 동물원의 봄

파릇파릇 새싹 돋는 동물원 풀밭에
소풍 나온
여학생들

햇볕 아래
처음 나온 듯
희고 긴 다리 겸연쩍게 개고 앉아
도시락을 까먹고

그 모습
늙은 낙타는
쥐똥나무를 사이에 두고 먼눈으로 담아내고

# 는개

는개 내리는 아침에
먼 길 떠나간 사람이 있다

동구 밖에 엎드려
숨죽이던
풀꽃들,

하늘 길 따라
밤새
멍머구리 소리 들린 날이었다

## 농어

농어 한 마리 안주 접시 위에 부처님처럼 누워 있다
연한 살점 잘게 조각난 채
현란한 참극의 순간을, 멀뚱한 눈으로 지켜보다가
꼬리지느러미를 파르르 떤다
바람이 풀잎 한 장을 물고 와 가만히 눈을 덮어 준다

# 개밥바라기

개장수 줄에 묶여
끄을려가던
복실이

울음빛 노을 속에
산모롱이
돌아갈 때

찬찬히
뒤따르던
개밥바라기별

# 빈집

숲속에 작은 집이 있습니다
밤 되면 지붕에서
푸른 별이 쏟아지고
풀벌레 울음 가득 방안에 차오르는
집이 있습니다
엄마 잃은 아기다람쥐
처마 끝에 쪼그리고 앉아
비를 긋고 가고
사냥꾼한테 쫓기던
오소리 형제
더운 눈물 핥아 주며
몸을 숨겼다 가는 작은 집이 있습니다

# 만행卍行*

아기스님들이 먼 길을 떠납니다
오늘은 좋은 날,
별 곱고 바람 좋은 산길 걸어
큰스님한테 인사하러 가는 날입니다
세상 구경 처음 나온 듯
새롭고 신기한 것 참 많습니다
갓 깎은 탱글탱글한 머리에서
풀 냄새가 납니다
고오운 얼굴,
봄볕에 데일 것 같아 걱정입니다
푸른 산 넘고
징검다리를 건너서
진달래 철쭉꽃 숨 막히는, 햇살 환한 봄날

* 승려들이 수행하기 위해 전국 각지의 수행처나 수행할 만한 곳을 찾아 떠나는 일.

# 아내

눈길만 마주치며 살자던
밤이 와도 안 자며
하얀 달만 바라보자던
그 여자

아들 군대 보내 놓고
오늘은 밥도 안 하며
먼 산만 바라보는 초로의
저 여자

# 세월 속에서

눈이 와서 마을이 박속처럼 화안한 날
고향에 돌아와서 밥을 먹는다
80을 바라보는 엄마가 해 준 흰 쌀밥 먹는다
90을 앞에 둔 아버지가
50이 넘은 아들 밥 먹는 모습 지켜보다가
귀 밑에 흰 머리칼 하나를 뽑아 준다
눈꽃이 전설처럼 피어나는 동화 속 마을에서

# 가장의 밤

잠든 아내 이불 끌어다
미운 발
덮어 주는 일

딸 자는 방에 들어가 지갑 속에
지폐 한 장
찔러 주는 일

아들 놈 우산 갖다 주고
가방
들어 주는 일

창 밖에 밤비 소리 들으며
쓴 술
삼켜 보는 일

# 제2부

# 이립而立*

바람이 불어도 풍차는 돌지 않고
목발을 짚어도
다리는 휘청거린다
홀로 떠나는 멀고
아득한 길,
어제는 길 위에서 비를 만나 젖고
오늘은 돌부리에 걸려 넘어지고
길 한복판에 손차양하고 어정쩡하게 서 있다

* 나이 '서른 살'을 달리 이르는 말.

## 불혹不惑*

길 가는 여자들 먼눈으로 바라보며
죄를 짓다가
돌아서면 문득,
딸애의
밤늦은 귀가길이 걱정이 되는 나이

* 나이 '마흔 살'을 달리 이르는 말.

# 지명知命*

산길에서 만난 여우비 같다
오는가 싶더니
쏜살같이 등 돌리고 지나가
저만치, 꼬랑지를 흔들고 서 있다
가던 길 멈추고 가끔
뒤를 돌아볼 때가 있다
멍하니 하늘 속을 들여다볼 때도 있다

* 나이 '쉰 살'을 달리 이르는 말.

# 이순耳順*

까닭 없이 귀가 자꾸 가려운 날,
저녁 강
물소리에 귀를 씻고 서 있으면
산을 넘는 해의
숨결 소리
새근새근 귓전에 들려온다
강둑에 하얗게 핀 삘기 꽃들이 귀를 쫑긋거린다

* 나이 '예순 살'을 달리 이르는 말.

# 종심從心*

가을 들길에서 만난 고추잠자리
한 마리,
어깨 위에 사뿐 앉아
길동무하자며 오오래 따라올 것 같다

* 나이 '일흔 살'을 달리 이르는 말.

# 비 내리는 소래포구에서

두꺼운 안경알에 빗방울이 방울방울 달라붙는다
내 작은 생의 닻을
갯물 속에 내려놓고
낡은 시계 바늘 들여다보며
막 건져 올린 망둥어 안주 삼아 술을 마신다

젊은 날의 슬픈 사랑과 돌이킬 수 없는 추억들이
뻘 속 깊이 가라앉아 사물거리다
하얀 포말로 떠오르는 소래포구,

조금씩 기우는 폐선의
갈매기 똥 어룽지는 갑판 위에 웅숭그리고 앉아
너울처럼 떠오는 고독이
자고 나도 항상 오늘이 되는 나날 속에서

갈매기야, 머리 위에 낮게 떠가는
괭이갈매기야,
낚대 멀리 던져 놓고

흐려지는 눈알 비비며
두고 온 시간을 건져 올려보는 소래포구, 저물녘에서

# 시를 찾아서

시를 쓴다고, 연필 다듬듯
마음 다듬다 하루가 간다
남은 잠 쫓아내려고
소파에 앉아
강아지랑 함께 조을다가
연거푸 손 씻고 찬 물로
세수하고
냉장고 문 열었다 닫고
먼 산 흰 구름 한 점 따라가 보다가
창문 활짝 열어젖히니
후욱— 끼쳐 드는 봄기운에
생각의 망 속에 포획됐던 시는
파랑새처럼 날아가고
멍하니 창틀에 기대앉아
새 날아간 하늘만 쳐다본다

## 살아 있는 것의 슬픔

시를 쓰다 시집을 못 간 K시인한테서 전화가 왔다. 살아 있는 것이 슬프다고. 나도 살아 있는 것이 슬플 때가 종종 있노라고 말해 주고 오늘 밤부터 조금씩 술을 시작해 볼 것을 권유했다. 며칠 후 울먹이는 소리로 다시 전화가 왔다. 살아 있는 것이 더 슬퍼졌다고. 나는 살아 있어서 너무 행복하다고 말해 주고 오늘 밤부터는 주량을 조금씩 늘려 볼 것을 권유했다. 누구를 놀리는 거냐며 황급히 전화를 끊었다. 나는 다시 전화를 걸어 찬찬히, 혀 꼬부라진 소리로 같은 말을 몇 번째 되풀이하고 있었다.

# 페인트 칠하는 남자

양수 속 태아가 어미 배를 힘껏 차내듯
무중력 상태에서
우주인이 유영하듯
33층 아슬한 하늘 끝에 목숨을 매달고
한 남자가 페인트를 칠한다

거미가 항문으로 실을 뽑듯
길게 로프를 드리우고
반동을 이용해 부드럽게 공기를 밀어내며
좌로 우로 이동하는 손과 발의
능숙한 동작,

얼마나 오랜 세월 몸과 마음을 비우고
닦아내면
저 높은 경지에 오를 수가 있을까
몸 가는 대로 마음이 따르고
마음 가는 대로 몸이 따를 수 있을까
묵묵히 하늘에 페인트를 칠하는, 저 남자

# 개의 죽음

문전을 기웃거리던
강아지
한 마리

가을 깊어갈수록
털 빠지고
뼈 앙상하더니

오늘 아침, 그의
주검 위에
하늘은
조용히 눈을 내린다

흰 쌀밥 같은 눈이
소복이
쌓여
동그란 봉분 만든다

# 응봉국민학교*

팔봉산 해 높이를 재며 시작되던
응봉국민학교,
무논에서 개구리가 라랴러려— 언문으로 울면
귀밑때기 새파란 아이들
입이 째지게 책 읽는 소리 들렸지
측백나무 울타리 늦은 잠에서 깨어난 참새들
구구단 못 외워 벌 받는 아이처럼
살금살금 교실 안을 넘겨다 보고
노오란 해가 눈썹 끝에 와서 걸리면
숙직실 부엌에서 강냉이 죽 끓는 냄새가
풍금 소리에 솔솔 묻어 오기도 했지
운동장을 끼고 흐르는 실개천엔
각시붕어, 모래무지, 꾸구리, 미꾸라지가
지느러미 파들거리며 손 안에 들어와 잡혀 주고
봄비 오다 갠 날 운동장 늙은 벚나무에서
팝콘처럼 터지던 벚꽃,

* 충남 예산군 응봉면에 소재한 '응봉초등학교'의 옛 교명.

전교생이 소낙비를 가려도 넉넉하던
플라타너스,
코스모스 화안한 신작로길, 가을 운동회,
꼴찌를 놓친 적 없던 백미 달리기는
여학생들 앞에서 얼마나 나를 작게 했던가
담임선생님 등에 업혀 소풍 가던 상국이,
국어책을 잘 읽던 똑똑한 윤수,
눈물이 많아 울보 별명을 붙이고 살던 착한 완수,
무릎 꿇고 빌 받던 개구쟁이 용배,
울음 섞인 목소리로 졸업생 답사를 읽어나가던
빨간 스웨터 혜진이는, 또
얼마나 오랫동안 나를 아프게 했던가
구레나룻 거뭇하던 영묵이, 덕회,
그리고 먹석골, 솔안말, 우체국, 청심당약방도
지금 모두 잘 있는가, 잘들 있는가

# 허수아비

왜 사냐면

죽지 못해
산다고

죽을 수만
있다면
살아 있겠냐고

남루를
펄럭이며

추수 끝난
들판에서

# 바람이 나에게

우리가 세상에 와서 할
일이라곤

숨이나 푸고 또 푸다가
조용히 돌아가는 일,

그것뿐이라고

어느 흐린 날, 길 위에서
바람이 나에게 말해 주었다

# 제3부

# 만월

—J시인에게

이 밤사 청잣빛 그대 시향詩香에 알알하게 취해, 고전의 숲에서 걸어 나와 옷고름 고쳐 매며 그림처럼 다가오는 왜철쭉 같은 여인을 만나 달빛에 얼굴 그슬도록 저 달, 바라보고 싶네.

# 유월

때까치 새끼 치는 참죽나무 아래
늦은 잠에서 막 깨어나는
청개구리
한 마리,

지난밤
얼마나 울었는지
눈두덩이 부어 있다

# 적란운 뜨면

자벌레 한 마리 도르르 몸을 말아 풀밭에 떨어진다

연잎에 청개구리 숨 할딱대다 물속으로 뛰어든다

울담을 넘던 나팔꽃 덩굴손이 긴 촉수를 세우고 있다

# 야래향夜來香*

하늘나라 아기별들이 지상으로 놀러 왔다가 금기를 깨고 해 뜨기 전에 돌아가지 못해서 빛을 잃고 꽃이 되는 벌을 받았으리라. 낮 동안 강렬한 태양 아래 작은 꽃잎 앙다물고 있다가 밤 되자 저 도저한 향기를 한껏 뿜어내고 있는 너는,

* 밤이 되면 작은 별 모양의 꽃을 피워 향기를 뿜어내다가 날이 밝기 전에 꽃잎을 닫아 버리는 열대 식물 재스민의 한 종류.

# 딸이 크면

네가 커서 어미보다 예쁜 숙녀가 되면 백화점에 꼭 한 번 데리고 가 비싼 옷 한 벌 사 입히고 사진 한 장 크게 박아 머리맡에 걸어 놓고 싶었는데, ……그렇지만 딸아, 그날이 너무 빨리 와 버렸구나!

# 반딧불

가난한 영혼을 가진 사람은 죽어서 별이 된다

슬픈 영혼을 가진 사람은 죽어서 별이 된다

외로운 영혼을 가진 사람은 죽어서 별이 된다

## 그 밤

젖가슴 봉긋이 드러나던
열다섯 살 그녀는
풀목걸이 걸고 배시시
웃을 때
볼우물 깊게 파이곤 했다

그 드맑은 우물 속에
퐁당,
청개구리처럼
뛰어들고 싶던 순간 있었다

초아흐레 연한 달빛이
삼박삼박
갈잎에 베어져 스러지던 그 밤

# 미혼모
— 입양 전야

오동꽃 시름시름 떨어지는 산사의 밤,
한 소녀가 진홍빛 스웨터 속에서
하얀 젖을 꺼낸다
세상을 다라도 차지한 듯
작고 예쁜 손가락 꼼지락거리며
애기는 빡빡 젖을 빤다
젖 냄새 애잔하게 고여 드는 적막한 방안,
한없이 착하고 순한 눈을 뜨고
어미 얼굴 빤히 올려다보지만
하릴없이 소녀는 허공에다 눈길 박는다

## 참 좋은 집

— 어느 시 카페에 들러

청솔 언덕 위에 단정한 한옥 한 채
까탈스런 식객들
산중까지 찾아들게 하는 집
어찌타, 길눈은 어두워
오늘에사 단장 짚고 더듬거리며
찾아왔나니
안주인 섬세한 손끝으로 차려 내온
조촐한 상 받고
한 댓새 다리 뻗고 머물다나 가려네

## 유괴범에게

그 어린것이 뭘 안다고 그렇게까지 했나. 그냥 들꽃이나 한 송이 꺾어 머리에 꽂아 주고 울기 전에 보내 줄 일이지. 귀염둥이 해피가 밥도 안 먹고 현관 찬 바닥에 배를 깔고 엎드려 있을 집으로 보내 줄 일이지, …… 사람아.

# 할머니와 엄마 사이에서

수리봉 산허리를 넘으면 고모네 집이었다
할머니 손잡고 숨 할딱대며
고갯마루 오르면
마음은 하릴없이 엄마 쪽으로 가 있었다
할머니를 따라갈지 엄마한테 돌아갈지
마음을 저울질하다 보면
어느새 발길은 고모네 집에 닿아 있었다
잠자리에 누워서도
할머니 힘없는 젖꼭지를 만지작거리며
날밤을 새웠다
날이 밝자 숟가락도 놓기 전에 할머니를
졸라대고 있는 것이었다
내 유년은 항상
기울기가 같았다, 할머니와 엄마 사이에서

# 화이트 크리스마스

스물세 살 그 겨울, 내 청춘은 원고 마감을 앞두고 연탄불도 꺼진 춥고 우울한 방안에 식은 풀빵처럼 담겨 밤을 밝히다 깜박 잠이 들고 말았습니다. 이윽고, 첫닭이 울 무렵 눈을 뜨니 하늘에서 내려온 마음씨 착한 천사가 머리맡에 웅크리고 앉아 깨알같이 예쁜 글씨로 작품을 막 완성해 놓고 환히 웃어 보이며 하늘로 날아가는 것이었습니다. 얼마나 힘에 부쳤으면 하룻밤 사이에 그녀의 귀밑머리가 하얘졌을까요. 눈이, 하얀 눈이 소복이 쌓이는 크리스마스 가까운 밤이었습니다.

# 할머니의 마지막 밤

할머니가 오늘내일하신다는 전갈을 받고 부랴부랴 고향으로 내려갔다. 할머니는 눈을 감고 반듯이 누워만 계시었다. 의식이 없는 상태에서도 애오라지 큰손자 이름만 부르셨다고 한다. 돌아가실 양반께서 큰손자만 찾으시는 것이 엄마한테는 퍽 사외로왔다 한다. 할머니 곁에 지켜 앉아 미음을 떠 넣어 드렸다. 한사코 입을 벌리셨다. 이제 그만 가셔도 좋을 것 같다는 생각을 조금씩 해 봤다. 서른 몇 해가 지났는데도 그 일이 영 마음에 걸린다. 별 총총 돋던 그 밤이, 할머니 마지막 밤이 될 줄을.

# 몽골 미녀 졸자야
— KBS2 '미녀들의 수다' 에서

몽골에서 날아온 미녀 졸자야,
비 그친 다음
몽골 초원에 뜬 무지개,
순수의 원형질을 간직한 마지막 여자,
헤어졌던 남자친구가 찾아와
꽃을 받아줄 것을 간청했을 때
고갤 떨구고
어깨 들썩이던 여자,
왜 일방적인 이별 통보를 해 놓고
안 만나 줬어요?
사회자의 질문에
……너무도 잘해 주려 하니까
부담이 됐고요,
내년 봄엔 졸업을 하고 다시
몽골로 돌아가야 하기 때문에
그때 헤어지면 더 힘들 것 같고
이 사람한테
더 큰 죄 짓는 게 될 것 같아서……

말꼬릴 흐리며

자그만 손으로 얼굴 덮던 그녀

# 봄날은 간다

혜화동 마로니에 공원, 햇병아리 여대생들
햇살 환한 벤치에
물뱀처럼 배배 다리를 꼬고 앉아
젊음을 쪼잘대는
봄 한나절,
중씰한 노인 한 분 대학 병원 영안실에서
술 냄새 화-악 풍기며 걸어 나와
느그들 누구 나랑 한 번 잘래?
……??
여학생들 화끈 얼굴 달아올라
땅바닥에 눈알을 까는데
아, 가타부타 말 좀 혀 봐, 이 하래비 우습지?
머리를 긁적이며 노인은
봄 아지랑이 속으로 잠기어 가고, 봄날은 간다

# 제4부

# 오류동 시편 · 1
— 비 내리는 일요일

오동나무 숲에도 버드나무 숲에도
비가 내린다
먹으면 자고 고프면 일어나
달걀이나 까먹고 또 잔다
비 내리는 오류동은 어항 속처럼
고요하고 쓸쓸하다
개웅산이 발목을 걷고
슬며시 다가서면
천왕산이 잠자코 옷매무시를 고치며
한 걸음 물러선다
하늘다람쥐 한 마리,
매봉산 기슭에 비를 긋고 앉아
고요히 젖는 세상 굽어보고 있다

# 오류동 시편 · 2

— 매봉산에 올라

학교가 파하면 총알처럼 날아온다
찬밥 물 말아 먹고
아내랑 나란히 뒷산에 오르면
강아지가 먼저 와 꼬리를 흔든다
솔향기 맡으며 느릿느릿
솔밭 사잇길 따라가노라면
세상이 여기쯤서 멈춰 줘도 좋겠다는
생각이 든다
약수터를 지나
가던 길 되돌아오면
숲 사이 떨어지는 원미산 해가 그린 듯 고웁다

# 산길을 걸으며

깊은 산 골짝에 작은 꽃 핍니다
별들이 바람에 슬리는 소리
갈바람에 나뭇잎 갈리는 소리
가을에서 겨울로
더디게,
시간이 지나가는 소리 들으며
해마다 그 자리에 피었다 집니다

# 성묘 끝나고

— 2006 설날 아침에

할아버지 묘를 지키는 조선향나무

마른 가지 몇 개 걸쳐 놓은
초라한 둥지에서
하늘빛 요요히 흐르는 산새 알을
발견했다

산자락엔 쌓인 눈 아직 흰데
알에서 묻어나는
다스운 온기

새들이 놀랠까 봐
모두들 숨죽이며 서두르는 하산 길

# 흰뺨검둥오리
— ○○○ 훈련소에서

사정없이
부리를 쪼으고 비벼대는
쌍쌍의
흰뺨검둥오리 떼

하염없어라,
안타까운
이별의 날갯짓

포옹은 좀처럼
풀릴 길 없고

밤사이
전국에서 날아들었다는
가여운
저 조선의 새들!

# 아내가 수상하다

아내가 수상하다, 뭔가에 불안해하고
초조해하지만 영 알 수가 없다
전화벨 소리에도 깜짝깜짝 놀란다
화장도 않던 여자가
거울 보는 횟수가 잦아지고
미장원을 다녀오고 새 옷을 사 입고
오늘은 아침부터
거울 속으로 들어가 앉아 있다
첫사랑 사내라도 만나려는 듯,
군에 간 아들 첫 휴가를 기다리는 아내여

## 떠돌이별

내 가슴에 손톱 달을 파 놓고
내 영역 밖으로
튕겨나가 버린 별

머언 우주 공간을 떠돌다 돌아와
용봉산 마루 위에
쓸쓸히 빛나는 저 별

너는 너의 궤도를 아무 일 없이
운행하고 있는 줄
알겠지만

밤마다 너를 꺼내어
내 가슴
가장 깊은 곳에 암장된 너를
꺼내어

내가 품고 잠드는 줄 너만 모르는,
바보별

## 꽃 지는 저녁은

암고양이 같은 여자한테 빠져
나를
소진하고
싶다

# 우리 집 강아지

우리 집 강아지 루루는 미용하러 가는 날을 제일 싫어합니다. 딸아이가 전화 예약을 하는데 전화기 옆에 납죽 엎드려 왕방울만한 눈알 휘둥그렇게 뜨고 통화 내용 또박또박 짚어내고는 땅이 꺼지게 한숨을 쉬더니 신을 물어다 감추고 시치미 뚝 떼며 식구들 눈치 하나하나 살핀답니다.

## 그해 겨울

너를 보내고
하늘 아래, 보고 싶은 이름 하나 생겨서 좋았다
네 하얀 이름 지우며 눈이 내렸다
내린 눈 위에 또 눈이 내려 쌓였다
빈 방에선 얼음 꽃이 하얗게 피었다 지고 있었다

# 면회를 갔다 오며

뭘 좀 먹이고 싶은 것이 있어서
전곡 읍내를 뱅뱅 돌다가
대광리역 용사의 집 앞에
너만 달랑 내려놓고 돌아오는 길
임진강 물결은 푸르기도 한데
우리 세 식구
아무도 입을 열려고 하지 않았다
엄마는 우 울어? 난 눈물이
안 안 나오는데……
어색하게 말문 연 딸아이도 분명
룸미러 속에선 눈시울이
붉어 있고
눈물샘이 터진 아내는 잠자코
손바닥으로 눈물을 받아내고 있었다
연천 지나
적성—문산—파주—일산—광명
……
아빠, 운전 어떻게 해,
I.C를 두 번이나 지나쳐 버렸어!

# 거룩한 밤

아들 놈 술동무 할 만큼 키워놨더니
군대로 끌려가고
마누라 술동무 될 만큼 공들였더니
교회로 새고
2005년도
마지막 밤
제야의 종소리는 먼 하늘에서
울려 퍼지는데
푸른 별 쳐다보며 혼자 술을 마신다

# 그날

딱지치기하던 동무들 두서넛
우산 받쳐 들고 지켜보는
산등성이

비 그친 다음 잠시,
지나가던 구름장 사이로 늦은 가을 햇살 한 줌
떨어져
관 위에 어룽지는

# 제5부

# 입동 무렵

성가수녀원 뒤뜰에 모과가 열렸다
수녀님 만나면 따 달라고 해야겠다

칠순을 바라보던 안젤라 수녀님은
멀리에서도 잘 익은 모과 냄새가 났다

# 모과

못생긴 모과 하나

방 안 가득
눈물 같은 향을 내더니
썩어가며 더욱 깊어지누나

암꽃처럼 피어나는
반점

그대,
누워서도
성한 우리를 걱정하시더니

# 장길

빗봉수 서고

팔려가는
소

자운영 꽃피는
논둑길 건너갈 때

울아버지
홧병,

쇠뿔 같은 낮달이
타고 있다

한내
장길

# 그 여름

홍수로 깊어진 대홍내를 건너
한낮의 뙤약볕 속을
열무단 이고 늙은 노새처럼 걸어오시는
할머니, 낮은 어깨엔
여치 풀무치 기름쟁이도 함께 붙어왔다
소낙비에 전 베적삼에선
눅눅한 쉰내가 피어났다
보릿짚 후둑이며 아궁이 불 지피면
부뚜막에 쪼그리고 앉아 할머니 수제비를 뜨셨다
해꽃은 꺾여 시드는데
쇠품팔러 간 엄마는 돌아오지 않고

# 아버지는 힘이 세다

아버지는 힘이 세다
이 세상 누구보다도 힘이 세다
손수레에 연탄재를 가득 싣고
가파른 언덕길도 쉬지 않고 오른다
꼭두새벽 어둠을 딛고 일어나
국방색 작업복에 노란 조끼를 입고
통장 아저씨를 만나도
반장 아줌마를 만나도
허리 굽혀 먼저 인사를 하고
이 세상 구석구석
못 쓰게 된 물건들을 주워 모아
세상 밖으로 끌어다 버린다
나를 키워
힘센 사람 만들고 싶은 아버지,
아버지가 끌고 가는 높다란 산 위에
아침마다 붉은 해가 솟아오른다

# 강 건너 그대

하늘빛이 흐려서 손 한 번 헐겁게
잡아 보지 못했네
그리워 말 못하고
살아온 지 오랜 지금
강 건너 갈발머리
반백의 머리칼 날리며 쓸쓸히 웃고 섰는 여인아,
그대 향한 그리움 오늘도
겨울 강둑에 빈 해바라깃대처럼 서 있을 뿐이네

# 자화상

푸른 하늘을 우러르는 일이 부끄러워
언제나 고갤 숙인 사람,
화살은 수없이 날렸지만 과녁을
맞춰 본 적 없었네
혹여, 발자국 소리 들릴까
걸음걸이 항상 조심스러웠네
반세기는 늦게 세상에 태어나
뒤만 바라보며 실컷 자기 몫을 쓸쓸해하다가
시드는 낮달처럼
스러져 없어질 사람,
오늘같이 푸른 날은 흰 고무신 닦아 신고
뜸북새 우는 긴 논둑 길 걸어 보고 싶네

## 밥과 법

밥이 있다
법이 있다

밥이 있고
법이 있는가
법이 있고
밥이 있는가

밥 속에
법이 있는가
법 속에
밥이 있는가

밥이 법을 먹으면
콩밥이 된다
법이 밥을 먹으면
합법이 된다

밥이 법이다
법이 밥이다

## 목

산다는 것은
목을 내놓는 일이다

목을 씻고
푸른 하늘을 우러르는 일이다

저녁에 돌아오며
목을 만져 보는 일이다

# 딸에게

너는
지상에서 가장 쓸쓸한 사내에게 날아온 천상의
선녀가
하룻밤 잠자리에 떨어뜨리고 간 한 떨기의 꽃

# 첫눈 내리는 날에 쓰는 편지

소한 날 눈이 옵니다
가난한 이 땅에 하늘에서 축복처럼
눈이 옵니다
집을 떠난 새들은 돌아오지 않고
베드로학교 낮은 담장 너머로
풍금 소리만 간간이 들려오는 아침입니다
창문 조금 열고
가만가만 눈 내리는 하늘 쳐다보면
사랑하는 당신 얼굴 보입니다
멀리 갔다 돌아오는 메아리처럼
겨울나무 가지 끝에
순백의 꽃으로 피어나는 눈물 같은 당신,
당신을 사랑한 까닭으로
여기까지 왔습니다
기다림의 세월은 추억만으로도
아름답지만
이제는 가야 할 시간이 얼마 남지 않았습니다
당신을 만나서는 안 되는 까닭은

당신을 만나는 일이
내가 살아온 까닭의 전부이기 때문입니다
한 방울 피가 식어질 때까지
나는 이 겨울을 껴안고
눈 쌓인 거리를 바람처럼 서성댈 것입니다

# 서정적 정취로 여는 휴머니즘의 시

김 지 선

(문학평론가 · 한양대 강사)

## 1. 서정적 정취로 여는 허정虛靜의 순간

서정시가 지닌 가장 큰 장르적 힘은 치유에 있다. 그것은 자아와 세계를 하나로 일치시킴으로써 우리의 트리우마를 부드럽게 감싼다. 인간은 태어나는 순간 어머니의 모체로부터 떨어져나가 세계에 던져져 소외와 불안에 떨고 있는 존재가 아닌가? 서정시는 이러한 인간의 마음을 어루만진다. 궁극적으로 시에서 그려내는 풍경이 모성의 상징성을 지니고 있는 까닭은 시가 세계라는 풍경 속으로 스며들어가 자아를 잊게

되는 평온한 순간을 포착하기 때문일 것이다.

장 그르니에는 이를 무가 유를 잠식해 들어가는 순간이라고 표현한다(「섬」). 푸른 하늘을 가만히 바라보다 문득 구름이 하늘 한 부분으로 사라지는 순간을 포착한 그르니에가 깨닫게 되는 것은 두려움이 아니라 공의 충만함이다. 도가식으로 표현하면 이를 허정虛靜의 체험이라고 할 수 있을 것이다. 허정이란 고요[靜]하고 허虛한 것으로 마음을 모으고 형체를 풀어 헤쳐 뼈와 살이 완전히 융화되는 정신적 경지를 가리킨다. 마음을 응집하여 망아의 순간에 도달하는 경지는 서정이 추구하는 최고의 지경이다. 그러나 좋은 서정시는 완전한 허정의 경지를 인위적으로 섣부르게 노래하지 않는다. 그것은 허정을 지향하지만 우리 삶의 고뇌를 배면에 깔고 있다. 인간적인 갈등과 삶의 비루함에서 오는 고통을 승화해가는 과정을 겪지 않은 채 허정만을 노래하는 것은 그저 거짓된 포즈에 불과하기 쉽다.

김용화의 시는 맑고 깨끗한 정취가 일깨우는 서정의 세계를 지향한다. 마치 한 폭의 담박한 풍경을 그리듯 정제된 시는 자아와 세계를 하나로 일치시킨다. 군더더기 없는 말의 절제는 소란스런 갈등을 가라앉히고 화합과 아름다움을 그려낸다. 하지만 그가 그려내는 서정의 풍경과 정취 속에는 삶의 많은 이야기들이 함축되어 있다. 가령 “숲속에 작은 집이 있습니다/ 밤 되면 지붕에서/ 푸른 별이 쏟아지고/ 풀벌레 울음 가득 방안에 차오르는/ 집이 있습니다/ 엄마 잃은 아기다람쥐/ 처마 끝에 쪼그리고 앉아/ 비를 긋고 가고/ 사냥꾼한테 쫓기던/ 오소리 형제/ 더운 눈물 핥아 주며/ 몸을 숨겼다 가는 작은 집이 있습니다"(「빈집」)라고 노래하는 그의 시에는 누군가 버리고 간 빈집이 보듬은 아기다람쥐, 오소리의 모습이 있으며 그 따뜻한 감정 너머로 내비치는 쓸쓸한 정서가 있다. 김용화의 많은 시들이 가장으로서의 무게, 자식에 대한 그리움을 그려내며 가난하고 초라한 것, 아무도 돌아보지 않는 사소한 존재들을 응시하는 것은 그가 그려내는 풍경의 내부에 따뜻한 연민이 자리하고 있기 때문인 것이다. 김용화의 시를 읽는 것은 풍경의 여백 사이로 배어나오는 인간다운 감정이라는 진정성을 찾아가는 길이 될 것이다.

## 2. 삶, 그 쓸쓸함을 넘어서는 여정

김용화의 네 번째 시집 『비 내리는 소래포구에서』에는 하나의 프레임 안에 풍경을 담아내는 서술 방식을 취하는 시들이 많다. 대상에 대한 감정의 표출을 최대한 자제하고 객관화된 묘사를 통해 간접적으로 정서를 전달함으로써 감정의 파장이 오랜 여운을 갖도록 한다.

는개 내리는 아침에
먼 길 떠나간 사람이 있다

동구 밖에 엎드려

숨죽이던
풀꽃들,

하늘 길 따라
밤새
멍머구리 소리 들린 날이었다

—「는개」 전문

파릇파릇 새싹 돋는 동물원 풀밭에
소풍 나온
여학생들

햇볕 아래
처음 나온 듯
희고 긴 다리 겸연쩍게 개고 앉아
도시락을 까먹고

그 모습 늙은 낙타는
쥐똥나무를 사이에 두고 먼눈으로 담아내고

—「동물원의 봄」 전문

두 편의 인용시에는 풍경의 포착을 통해 이별과 흘러가는 시간에 대한 묵묵한 성찰이 담겨 있다. 「는개」에는 가늘게 는개가 흩뿌리는 흐린 아침과 풀꽃이 배경화되어 먼 길을 떠나간 사람에 대한 시적 화자의 아련한 마음을 드러내는 데 기여

하고 있으며, 「동물원의 봄」에는 도시락을 먹고 있는 여학생들의 파릇함을 두드러지게 하는 햇볕과 새싹이 군더더기 없이 간결하게 제시되어 있다. 여기에 "밤새 멍머구리 소리 들린 날"과 "먼눈으로 담아내고"라는 구절은 시에 정서적 임팩트를 마련해 준다. "밤새"라는 긴 시간의 길이를 드러내는 단어는 멍머구리(개구리) 소리의 청각적 이미지를 통해 이별이라는 정서적 아픔을 오래 연장해 주는 효과를 지닌다. 풍경의 제시와 관찰의 기법을 보다 효과적으로 사용하고 있는 시는 「동물원의 봄」이라 할 것이다. 정서의 직접적 표출이 철저하게 배제되어 있음에도 불구하고 시는 어쩐지 속수무책으로 흘러가는 시간 앞에서 유한한 존재로 설 수밖에 없는 인간 존재에 대한 서글픈 감회를 짙게 한다. 앞의 구절들과 대비되는 늙은 낙타의 시선이 "먼눈"으로 표현되는 순간 낙타는 시적 자아의 객관상관물이 되며 우리 모두에게 지나가버린 청춘을 추억하게 하며 서글픔에 젖게 한다.

김용화의 시는 현재에 대한 객관적 관찰의 시선을 통해 지나가 버린 시간을 반추하게 하지만 그것이 부정적인 정서로 흘러가지 않게 하는 관조와 성찰이 담겨 있다. 그는 가족과 이웃, 우리를 스쳐지나갔던 미비한 존재들의 실존을 오롯이 감싸 안은 애정 어린 시선을 통해 가난하고 초라한 삶을 따듯하게 감싼다. 동시에 고통을 고통으로 받아들이기보다는 포용함으로써 궁극적으로 마음을 비우는 자세를 지향한다. 죽음이나 실존의 고통과 같은 삶의 부조리가 허무로 빠지지 않게 하는 이런 허정의 자세는 불안을 극복하고 우리 삶의 의미를 굳건히 하는 궁극의 방법일 것이다.

양수 속 태아가 어미 배를 힘껏 차내듯
무중력 상태에서
우주인이 유영하듯
33층 아슬한 하늘 끝에 목숨을 매달고
한 남자가 페인트를 칠한다

거미가 항문으로 실을 뽑듯
길게 로프를 드리우고
반동을 이용해 부드럽게 공기를 밀어내며
좌로 우로 이동하는 손과 발의
능숙한 동작,

얼마나 오랜 세월 몸과 마음을 비우고
닦아내면
저 높은 경지에 오를 수가 있을까
몸 가는 대로 마음이 따르고
마음 가는 대로 몸이 따를 수 있을까
묵묵히 하늘에 페인트를 칠하는, 저 남자

―「페인트 칠하는 남자」 전문

인용 시는 위태롭게 보이는 한 남자의 모습을 묘사한다. 그러나 아이러니하게도 33층의 위험한 높이에서 비루한 목숨을 연명해 가는 남자에게는 무중력의 우주를 유영하는 우주인과

어머니의 자궁 속에서 안정된 자세를 유지하는 아이와 같은 편안함이 자리한다. 그것은 하루아침에 이루어낸 것이 아니라 긴 세월을 통해 마음을 비우는 관조의 자세가 만들어낸 굳건함이다. 대단한 철학과 지식이 아니라 그저 목숨의 연명을 위해 노력하는 실존의 의지가 만들어낸 보통사람의 위대 함에 포커스를 맞추는 시는 시인이 지향하는 삶의 모습이 무엇인지를 추측하게 한다.

김용화의 시가 수사를 절제하고 무리수를 두지 않는 자연스러운 표현으로 흐르는 것은 시적 인식과 잘 어우러지는 형식적 미학을 성취하기 위한 의지라 할 것이다. 과장과 비유가 과도하게 넘치는 수사법 대신 간결하게 이미지들을 제시하며 대조를 이루게 하거나, 장면의 함축적 제시를 통해 여백의 여운을 주는 시의 기법이야말로 마음을 비우고 묵묵히 삶을 실천하는 허정의 자세를 담아내는 데 적합한 방식이라 할 것이다.

그러나 『비 내리는 소래포구에서』에 나타나는 삶에 대한 성찰은 선부른 초월과 모든 것을 깨달은 듯한 포즈를 동반하지는 않는다. 그는 겸허하게 불확실한 현재를 살아가는 자세를 형상화한다. 이는 나이를 대상화하는 시편을 통해 찾아볼 수 있다. 논어에 나오는 이립而立, 불혹不惑, 지명知命, 이순耳順, 종심從心은 공자의 생애에 빗대어 세월의 흐름과 더불어 도리를 깨닫는 모습을 함축한 것들이다. 그러나 그의 시 「이립而立」에 형상화된 서른 살은 논어의 '三十而立' 처럼 모든 기초를 세우는나이라 하기 어렵고, 「불혹不惑」의 사십은 도를 잘 알기에 미혹됨이 없는 나이를 이르지 않는다.

바람이 불어도 풍차는 돌지 않고
목발을 짚어도
다리는 휘청거린다
홀로 떠나는 멀고
아득한 길,
어제는 길 위에서 비를 만나 젖고
오늘은 돌부리에 걸려 넘어지고
길 한복판에 손차양하고 어정쩡하게 서 있다.

—「이립而立」 전문

길 가는 여자들 먼눈으로 바라보며
죄를 짓다가
돌아 서면 문득,
딸애의
밤늦은 귀가길이 걱정되는 나이

—「불혹不惑」 전문

오히려 시에서 묘사하는 이립은 세상사에 어설프게 넘어지고 비틀거리는 고독한 존재의 시간이며, 불혹은 언제든지 다른 여자에게 한눈 팔 수 있는 미혹되기 쉬운 나이일 뿐이다. 그러나 역설적으로 인간적인 시간을 미화하지 않고 솔직하게 고백할 수 있는 여유는 삶의 연륜과 관록으로부터 나온다고 할 수 있지 않을까? 그것은 우리 세상이 그리 기쁠 것도 슬플 것도 없는 것처럼 시간과 나이란 세속을 초월하는 도를 닦는 것도 아니며, 일상의 범주를 벗어나는 지혜를 터득하는 것도 아니라는 깨달음을 동반한다. “저만치, 꼬랑지를 흔들고 서 있다/ 가던 길 멈추고 가끔/ 뒤를 돌아볼 때가 있다/ 멍하니 하늘 속을 들여다볼 때도 있다”는 서술처럼 지나간 시간을 자꾸 되돌아보는「지명知命」의 시간을 지나 “가을 들길에서 만난 고추잠자리/ 한 마리,/ 어깨 위에 사뿐 앉아/ 길동무하자며 오오래 따라올 것 같다”처럼 아직 도달하지 않아 추측으로만 가능한 세계와의 화합을 이루는「종심從心」에 다다를 때까지 현재를 살아가는 우리에게 가능한 인간다운 시간을 그려내는 것은 김용화 시 세계의 주요 특징을 이룬다.

이처럼 긍정의 의지를 보이면서도 손쉽게 초월로 나아가는 자기기만을 보이지 않는 것은 김용화 시의 장점이다. 그는 손쉬운 초월 대신 현재의 시간을 감내하며, 지금 이 순간의 고통과 아픔을 끌어안으려는 의지를 포착하려 한다. 실존의 고통이나 죽음이라는 운명을 타고난 인간의 한계적 상황에 연민을 드리우는 휴머니즘이야말로 김용화 시의 지향점이라 할 것이다.

### 3. 연민의 시선이 자아내는 휴머니즘

김용화의 시에는 유난히 개, 미혼모, 가난한 자들처럼 보잘것없는 미물을 그리고 있는 시들이 많이 눈에 띈다. 이미 죽었거나 보잘것없는 미천한 삶을 살고 있는 자들의 비극적 운명에 촉수를 들이대는 시의 시선은 김용화의 여타의 시들처럼 감정의 과잉으로 흐르려 하지 않는 절제를 드러낸다. 가령 「미혼모」의 슬픈 운명을 그려낸 다음의 시는 정서를 최대한 자제한 채 객관적 필치로 소녀와 아기를 묘사해내고 있다.

> 오동꽃 시름시름 떨어지는 산사의 밤,
> 한 소녀가 진홍빛 스웨터 속에서
> 하얀 젖을 꺼낸다
> 세상을 다라도 차지한 듯
> 작고 예쁜 손가락 꼼지락거리며
> 애기는 빡빡 젖을 빤다
> 젖 냄새 애잔하게 고여 드는 적막한 방안,
> 한없이 착하고 순한 눈을 뜨고
> 어미 얼굴 빤히 올려다보지만
> 하릴없이 소녀는 허공에다 눈길 박는다
>
> —「미혼모-입양전야」 전문

때로 정서의 절제는 오히려 독자의 감정을 끌어올리는 역설적 효과를 자아낸다. 표면적으로 시는 젖을 물리는 소녀와 천진하게 젖을 빠는 아기의 모습을 묘사하고 있는 것이 전부인 듯하지만 시는 디테일하게 대비적 효과를 노린다. 특히 마지막 아기의 순한 눈과 허공에 눈길을 박는 어미의 초점 잃은 텅 빈 눈의 대비적 제시는 어쩔 수 없는 안타까움의 정서를 배가시킨다. 정서를 강조하는 수식이나 구구절절한 설명을 배제한 채로 연민과 같은 인간다운 감정을 불러일으키는 것은 "노파가 죽었다// 그림자처럼/ 붙어 다니던// 흰둥이/ 혼자// 주검 곁을/ 지키고 있다"(「동행」)과 같은 시에서도 드러난다. 시는 노파의 죽음을 그리고 있으나 시에서 전경화되고 있는 것은 오히려 노파의 주검을 지키는 흰둥이의 모습이다. 흰둥이가 홀로 남아 있는 상황은 죽음 그 자체를 부각시키는 것보다 쓸쓸함이나 외로움과 같은 우리의 근원적 심회를 부추긴다.

하지만 김용화 시는 죽음과 고독, 우리의 비루한 삶이 그저 초라하게 시들어 버릴 것이라는 부정적 시각을 보이지는 않는다. "하늘나라 아기별들이 지상으로 놀러 왔다가 금기를 깨고 해 뜨기 전에 돌아가지 못해서 빛을 잃고 꽃이 되는 별을 받았으리라"(「야래향夜來香」)와 같은 시에서 볼 수 있듯이 보잘것없는 나무 한 그루에 깃들여 있는 고귀함이 찬란한 빛을 발하기를 바라는 염원이 깃들여 있다. 이와 같이 그의 시는, 우리의 삶의 과정이란 고통과 삶의 비루함을 절제하고 감내 하는 과정을 통해 성숙해 가는 것이라는 믿음을 드러낸다.

못생긴 모과 하나

방 안 가득
눈물 같은 향을 내더니
썩어가며 더욱 깊어지누나

암꽃처럼 피어나는
반점

그대,
누워서도
성한 우리를 걱정하시더니

—「모과」 전문

「모과」는 그의 첫 번째 시집에서 재인용된 시다. 하지만 네 번째 시집 『비 내리는 소래포구에서』에 이르기까지 김용화 시의 전반을 관통하는 시 정신이 가장 강렬하게 나타나 있는 시이기도 하다. 아마도 그것은 김용화 시가 답보적 상태를 지속해 왔다기보다는 지금까지 일관된 시적 물음을 지속해 왔다는 증거로 해석하는 것이 옳을 것이다. 죽음에 이르는 우리의 삶을 상징하는 대상으로 사용되고 있는 모과는 시에서 이중의 의미를 지닌다. 썩어가며 깊어지는 모과의 짙은 향이라는 이중성은 죽음과 성숙에 동시에 다다르는 인간적인 삶을 상징하며 또한 모성의 무한한 사랑으로 확장된다. 깊은 향기를 자아낼수록 몸체는 썩어가는 모습이, 암으로 인해 죽어가면서 자식을 걱정하는 모성이 되는 것은 인간성이 도달하는 최고의 경지에 대한 경탄과 지향을 의미하기도 한다.

김용화의 네 번째 시집 『비 내리는 소래포구에서』는 무엇보다 인간의 한계와 절망을 극복하고 희망의 낙관에 닿으려는 성숙함이 엿보인다. 그러나 그것은 섣부른 긍정으로 치달은 데에서 얻게 된 성급한 결론은 아니다. 오히려 삶의 오랜 경험과 그 삶을 묵묵히 관찰하고 바라보는 가운데 얻게 된 확신어린 믿음이다. 김용화의 시는 풍경의 미세한 여백 사이로 인간의 아픔과 고통을 그려내고 있으며, 가장 인간다운 방식을 통해 세계와의 간극을 메워 가는 과정이라 할 것이다. 앞으로 그의 시가 더욱더 웅숭깊은 시 세계를 성취하기를 바라 마지 않는다.

시인 김용화/ 金勇華
충남 예산 출생
1993년 『시와시학』으로 등단
시집으로 『아버지는 힘이 세다』 『감꽃 피는 마을』 『첫눈 내리는 날에 쓰는 편지』(문화예술위원회 우수문학 도서로 선정)가 있음
현재 부천 소명여고 교사, '시공詩空' 동인
한국시인협회 회원

E-mail: poetkyh@hanmail.net

비 내리는 소래포구에서

지은이 | 김용화
펴낸이 | 설보혜
펴낸곳 | Poetics 시학
1판1쇄 | 2009년 12월 20일
출판등록 | 2003년 4월 3일
주소 | 서울 종로구 명륜동1가 42
전화 | 744-0110
FAX | 3672-2674

값 8,000원

ISBN 978-89-91914-83-4 03810